CB067938

BRÁULIO BESSA
RECOMECE

Ilustrações **Elano Passos**

SEXTANTE

Copyright © 2018 por Bráulio Bessa

Todos os direitos reservados. Nenhuma parte deste livro pode ser utilizada ou reproduzida sob quaisquer meios existentes sem autorização por escrito dos editores.

edição: Nana Vaz de Castro
revisão: Hermínia Totti e Juliana Souza
diagramação e capa: Ana Paula Daudt Brandão
ilustrações de capa e de miolo: Elano Passos
impressão e acabamento: Santa Marta

CIP-BRASIL. CATALOGAÇÃO NA PUBLICAÇÃO
SINDICATO NACIONAL DOS EDITORES DE LIVROS, RJ

B465r	Bessa, Bráulio
	Recomece/ Bráulio Bessa; ilustrações de Elano Passos. Rio de Janeiro : Sextante, 2018.
	80 p.: il.; 11,5 x 15,7 cm.
	ISBN 978-85-431-0679-3
	1. Poesia brasileira. I. Passos, Elano. II. Título.
18-52910	CDD: 869.1
	CDU: 82-1(81)

Todos os direitos reservados, no Brasil, por
GMT Editores Ltda.
Rua Voluntários da Pátria, 45 – Gr. 1.404
Botafogo – 22270-000 – Rio de Janeiro – RJ
Tel.: (21) 2538-4100 – Fax: (21) 2286-9244
E-mail: atendimento@sextante.com.br
www.sextante.com.br

Apresentação

Sempre acreditei no poder de transformação e cura da palavra. Eu tinha 14 anos, ainda corria de pés descalços pelas calçadas cinzentas de casinhas coloridas da rua dos Alípios, em Alto Santo, quando a poesia alisou meu coração pela primeira vez.

Lembro que pedi umas moedas a vovó Maria, corri na bodega de Ademar e comprei um caderninho aramado de capa mole estampada com um retrato bem bonito de um surfista num mar azul e feroz. É irônico, mas meus primeiros versos nesse caderno falavam da calmaria de um sertão cinza, terroso e manso. Meus primeiros versos falavam de mim.

Esse caderninho se tornou meu melhor amigo. Passei a lhe contar, de forma poética, tudo que eu sentia. Alegrias, dores, angústias, sonhos... Ah, como eu escrevia sobre sonhos!

A verdade é que aquele tal surfista de cabelos agalegados sabia muito mais sobre mim do que qualquer outra pessoa. E o mais incrível de tudo é que, mesmo sem resposta, mesmo calado, mesmo estático naquele eterno close perfeito em sua onda, ele fez com que eu descobrisse – através de minhas próprias palavras – coisas sobre mim que nem eu sabia.

Eu percebi ali que escrever é conversar consigo mesmo e com o mundo todo ao mesmo tempo.

Hoje, meus poemas são lidos/sentidos por milhões de pessoas e continuam sendo uma conversa comigo mesmo. No exato momento em que escrevo estas palavras, estou revirando um pozinho que andava adormecido, calmo, no fundo do poço da minha alma.

Do primeiro poema naquele caderninho até hoje, já descobri muito sobre mim. Sinto que já curei e fui curado. Transformei e fui transformado. Salvei e fui salvo.

Escrever é um milagre. Percebendo isso, quero convidar você pra uma conversa! Para isso, escolhi um poema muito especial pra mim, o "Recomece". Esse talvez tenha sido minha maior conversa comigo mesmo, minha maior conversa com o mundo e, por que não dizer, meu maior milagre.

A partir da próxima página, sinta minhas palavras, liberte as suas, se cure, se transforme, se descubra, se salve e, no final, escreva um poema e faça seu próprio milagre.

Bráulio Bessa

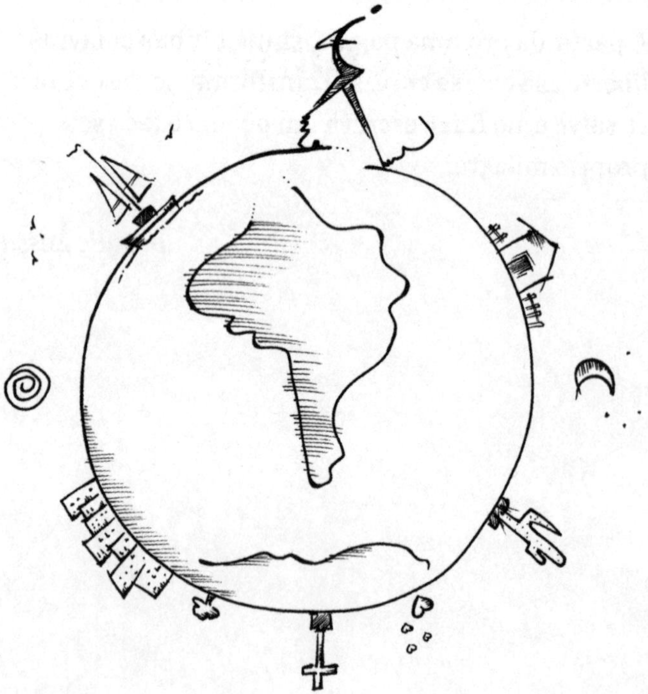

Recomece

Quando a vida bater forte
e sua alma sangrar,

Escreva sobre o que você gostaria de mudar na sua vida, no próximo ano.

_____

_____

_____

_____

_____

_____

_____

_____

_____

_____

_____

_____

quando esse mundo pesado
lhe ferir, lhe esmagar...

Quando foi a primeira vez que você percebeu que o peso do mundo poderia esmagar alguém?

_____
_____
_____
_____
_____
_____
_____
_____
_____
_____
_____
_____
_____

É hora do recomeço.
Recomece a LUTAR.

Quem são os lutadores ou lutadoras que você mais admira atualmente?

_____
_____
_____
_____
_____
_____
_____
_____
_____
_____
_____
_____

Quando tudo for escuro
e nada iluminar,

Você alguma vez já se sentiu sem saída? Escreva sobre esse sentimento. Se preferir, desenhe.

_____

_____

_____

_____

_____

_____

quando tudo for incerto
e você só duvidar...

Qual é a maior incerteza da sua vida hoje?

_____

_____

_____

_____

_____

E a maior certeza?

_____

_____

_____

_____

_____

É hora do recomeço.

Recomece a ACREDITAR.

Em que você acredita?

Quando a estrada for longa
e seu corpo fraquejar,

Escreva, com orgulho, as suas maiores qualidades.

_____

_____

_____

_____

_____

_____

_____

_____

_____

_____

_____

quando não houver caminho
nem um lugar pra chegar...

Qual é o lugar que você pode chamar de "lar"?

É hora do recomeço.

Recomece a CAMINHAR.

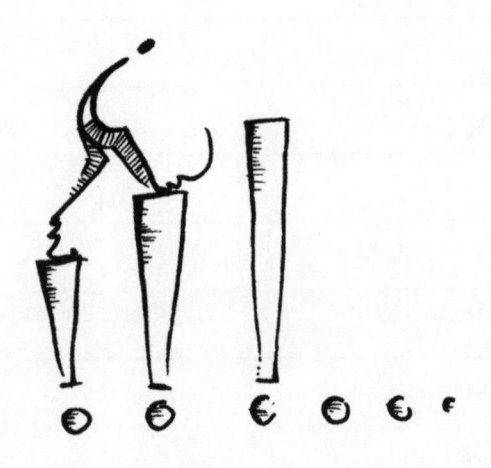

Se tivesse que escolher uma música para cantar durante uma longa caminhada, qual seria?

_____

_____

_____

_____

_____

Quem seria a melhor companhia nessa jornada?

_____

_____

_____

_____

_____

_____

Quando o mal for evidente
e o amor se ocultar,

Você já sentiu o amor transformar sua vida? Conte como foi.

quando o peito for vazio,
quando o abraço faltar...

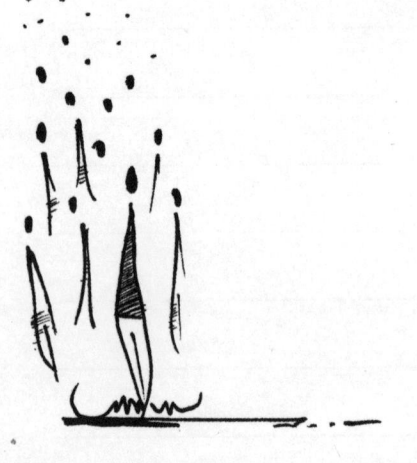

Qual foi a última pessoa que você abraçou de verdade (aquele abraço em que um coração encosta no outro)?

É hora do recomeço.

Recomece a AMAR.

Escreva aqui três coisas que lhe trazem paz interior.

_____

_____

_____

_____

_____

_____

_____

_____

_____

_____

_____

_____

Quando você cair
e ninguém lhe aparar,

Qual foi a lição mais valiosa que você aprendeu no último ano?

_____
_____
_____
_____
_____
_____
_____
_____
_____
_____
_____
_____

quando a força do que é ruim
conseguir lhe derrubar...

Se você pudesse se reaproximar de alguém que anda distante, de quem seria?

É hora do recomeço.
Recomece a LEVANTAR.

Você já ajudou alguém a se levantar? O que sentiu?

_____

_____

_____

_____

_____

_____

_____

_____

_____

_____

_____

Quando a falta de esperança
decidir lhe açoitar,

De onde você tira forças quando falta esperança?

se tudo que for real
for difícil suportar...

Você se considera uma pessoa forte?

_____

_____

_____

_____

_____

Quem lhe ensinou a ser assim?

_____

_____

_____

_____

_____

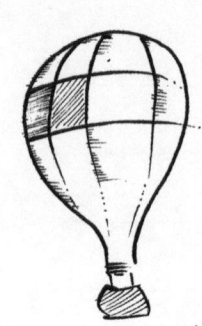

É hora do recomeço.
Recomece a SONHAR.

Escreva aqui sobre o seu maior sonho.

Enfim,

Descreva-se em uma única palavra.

_____

_____

_____

_____

_____

(Volte a esta página daqui a uma semana.
A palavra mudou?)

_____

_____

_____

_____

_____

É preciso de um final
pra poder recomeçar,

Cite um momento que foi um ponto da virada na sua vida.

_____
_____
_____
_____
_____
_____
_____
_____
_____
_____
_____
_____

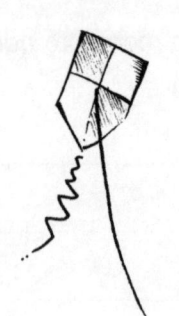

como é preciso cair
pra poder se levantar.

Olhe para trás e veja você há cinco anos.
Qual foi a principal mudança de lá para cá?

_____
_____
_____
_____
_____
_____
_____
_____
_____
_____
_____

Nem sempre engatar a ré significa voltar.

Relembre uma vez em que você voltou atrás em alguma decisão.

_____

_____

_____

_____

_____

Valeu a pena?

_____

_____

_____

_____

Remarque aquele encontro,
reconquiste um amor,

Se pudesse marcar um encontro com qualquer pessoa, viva ou morta, com quem seria?

reúna quem lhe quer bem,
reconforte um sofredor,

Qual foi a última vez que você fez alguma coisa por você mesmo(a)?

reanime quem tá triste
e reaprenda na dor.

A dor é boa conselheira? Escreva sua experiência.

Recomece, se refaça,
relembre o que foi bom,

Registre aqui um momento especialmente feliz que tenha acontecido no último ano.

_____
_____
_____
_____
_____
_____
_____
_____
_____
_____
_____
_____

reconstrua cada sonho,
redescubra algum dom,

Quais são seus maiores talentos?

reaprenda quando errar,
rebole quando dançar,

Relembre aqui uma ocasião em que você aprendeu com seus erros.

_____
_____
_____
_____
_____
_____
_____
_____
_____
_____
_____
_____

e se um dia, lá na frente,
a vida der uma ré,

Volte à página 53 e veja tudo que mudou nos últimos cinco anos. Agora, imagine a sua vida daqui a cinco anos e escreva o que quer mudar até lá.

_____

_____

_____

_____

_____

_____

_____

_____

_____

_____

recupere sua fé
e RECOMECE novamente.

Agora é a sua vez.

Escreva aqui o seu próprio poema sobre recomeçar.

_____

_____

_____

_____

_____

_____

_____

_____

_____

_____

_____

Recomece

Quando a vida bater forte
e sua alma sangrar,
quando esse mundo pesado
lhe ferir, lhe esmagar...
É hora do recomeço.
Recomece a LUTAR.

Quando tudo for escuro
e nada iluminar,
quando tudo for incerto
e você só duvidar...
É hora do recomeço.
Recomece a ACREDITAR.

Quando a estrada for longa
e seu corpo fraquejar,
quando não houver caminho
nem um lugar pra chegar...
É hora do recomeço.
Recomece a CAMINHAR.

Quando o mal for evidente
e o amor se ocultar,
quando o peito for vazio,
quando o abraço faltar...
É hora do recomeço.
Recomece a AMAR.

Quando você cair
e ninguém lhe aparar,
quando a força do que é ruim
conseguir lhe derrubar...
É hora do recomeço.
Recomece a LEVANTAR.

Quando a falta de esperança
decidir lhe açoitar,
se tudo que for real
for difícil suportar...
É hora do recomeço.
Recomece a SONHAR.

Enfim,

É preciso de um final
pra poder recomeçar,
como é preciso cair
pra poder se levantar.
Nem sempre engatar a ré
significa voltar.

Remarque aquele encontro,
reconquiste um amor,
reúna quem lhe quer bem,
reconforte um sofredor,
reanime quem tá triste
e reaprenda na dor.

Recomece, se refaça,
relembre o que foi bom,
reconstrua cada sonho,
redescubra algum dom,
reaprenda quando errar,
rebole quando dançar,
e se um dia, lá na frente,
a vida der uma ré,
recupere sua fé
e RECOMECE novamente.

Morreu Maria Preá

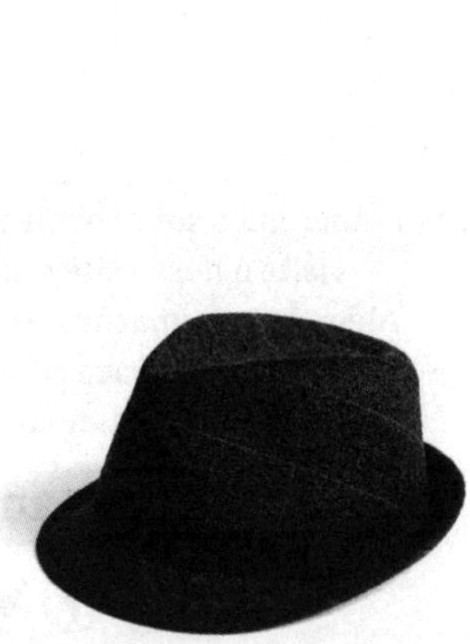

CONHEÇA OS LIVROS DE BRÁULIO BESSA

Poesia que transforma

Recomece

Um carinho na alma

Para saber mais sobre os títulos e autores da Editora Sextante,
visite o nosso site e siga as nossas redes sociais.
Além de informações sobre os próximos lançamentos,
você terá acesso a conteúdos exclusivos
e poderá participar de promoções e sorteios.

sextante.com.br